네가 어떠하든
난(God) 네가 좋아

모든 인간은 하나님의 형상을 닮은 존엄한 존재입니다. 전 세계의 모든 사람들은 인종, 민족, 피부색, 문화, 언어에 관계없이 존귀합니다. 예영커뮤니케이션은 이러한 정신에 근거해 모든 인간이 존귀한 삶을 사는 데 필요한 지식과 문화를 예수 그리스도의 사랑으로 보급함으로써 우리가 속한 사회에 기여하고자 합니다.

네가 어떠하든 난(God) 네가 좋아

펴낸 날 · 2011년 8월 5일 | **초판 1쇄 찍은 날** · 2011년 8월 1일
지은이 · 한만오 | **펴낸이** · 김승태
등록번호 · 제2-1349호(1992. 3. 31) | **펴낸 곳** · 예영커뮤니케이션
주소 · (136-825) 서울시 성북구 성북1동 179-56 | **홈페이지** www.jeyoung.com
출판사업부 · T. (02)766-8931 F. (02)766-8934 e-mail: edit1@jeyoung.com
출판유통사업부 · T. (02)766-7912 F. (02)766-8934 e-mail: sales@jeyoung.com

copyright ⓒ 2011 한만오
ISBN 978-89-8350-763-1(03230)

값 5,000원

* 잘못 만들어진 책은 교환해 드립니다.
* 본 저작물은 저작권법에 의하여 한국 내에서 보호를 받는 저작물이므로 무단 전제와 무단 복제를 금합니다.

새신자 양육교재

네가 어떠하든
난(God) 네가 좋아

한만오 지음

예영커뮤니케이션

추천의 글

기독교인이 되기 위해서는 알아야 할 것이 참 많이 있습니다. 그 가운데 이 책은 '나와 하나님, 기도와 성경, 그리고 예배'라는 5가지 주제를 재미있고 쉽게 풀어 설명하고 있습니다. 이 교재는 단지 각 교회의 새신자들뿐 아니라 기존 신자들에게도 꼭 필요한 매우 유익한 책이 될 것이라 확신합니다. - 박찬호 교수(백석대학교, 조직신학)

이 책은 벌써 나왔어야 합니다. 시중에는 새가족 교재가 참 많으나 이 책이 최고입니다. 왜냐하면 새가족의 눈높이에 맞추었기 때문입니다. 이 책은 기존의 새가족 교재와는 차원이 다릅니다. 아주 쉽고, 간단하게, 그리고 재미있게 구성되어 있습니다. 그래서 새신자가 신앙의 기초를 세우는 데에 도움을 줄 것이고 기존 신자에게는 신앙의 성숙에 도움을 줄 것입니다. - 김연희 목사(신생중앙교회 담임)

새가족은 갓 태어난 어린아이처럼 순진합니다. 한만오 교수가 펴낸 새가족 교재야말로 그리스도의 대속의 은혜로 받는 사죄와 구원의 확신을 심어 주며, 새신자뿐만 아니라 기존 신자에게도 믿음의 성장에 도움을 주는 좋은 책입니다. - 최낙중 목사(해오름교회 담임)

꿈의 사람! 도전의 사람! 무엇보다 그 가슴속에 예수 그리스도의 생명이 넘치는 믿음의 사람! 특히 하나님께서 주신 꿈을 이루기 위해 결코 서둘지 않고 한걸음 한걸음씩 우직하게 앞으로 나가 마침내 꿈을 성취하고야 마는 열정의 사람이 제가 아는 한만오 교수입니다. 그 열정의 가슴을 알기 쉬운 새가족 교재로 풀어낸 아름다운 섬김에 뜨거운 박수와 격려를 보내며 함께 기뻐합니다. - 이동현 목사(평화교회 담임)

이 책은 기존의 어떤 성경교재보다 이해하기 쉽고 재미있으며, 삶 속에서 누구나 공감할 수 있는 이야기를 통하여 '내가 누구인지, 어떻게 살아야 바르고 행복한 길인지'를 알려 주고 있습니다. 신자는 물론 진리를 찾는 사람에게 전도용으로 이 책을 적극 추천합니다. - 최상림 목사(예사랑교회 담임)

이 책은 신앙과 영성을 교리적인 차원이 아니라 비전, 행복, 사랑이라는 실제적인 삶의 실천으로 풀이한 친절한 안내서입니다. 특별히 신앙생활을 처음 시작하는 이들에게 이 책은 특별한 존재로서의 꿈과 희망을 발견하게 하는 소중한 길잡이가 되어 줄 것입니다. - 최정일 목사(아가페교회 담임)

한만오 교수의 책을 통하여 새가족이 성경을 쉽게 이해하고, 성경의 넓이와 깊이를 아는 지식이 더욱 풍성하게 될 것을 확신하며 기쁜 마음으로 적극 추천합니다. - 최만준 목사(천안서머나교회 담임)

　　이 책은 기존 성경공부 교재와는 다르게 편집하려고 노력하였습니다. 가능하면 간단하면서도 쉽게, 우리의 삶 속에서 느끼는 우리의 신앙, 우리의 간증, 우리의 진솔한 이야기를 나누면서 성경적 진리를 배울 수 있도록 구성하였습니다.

　　이 책은 "행복한 나와 꿈", "행복의 시작", "행복한 교제", "행복한 만남", "행복한 사랑"을 주제로 하여 총 5강으로 이루어져 있습니다. 신앙의 기초를 든든히 쌓는 것이 행복한 그리스도인이 되는 유일한 길임을 강조하고 있는 것입니다.

　　본 교재는 강의 내용을 좀 더 쉽게 표현하기 위해서 다양한 그림과 삽화, 만화, 예화를 첨가하였습니다. 이 책에 나오는 예화는 강의 내용의 핵심을 알려 주는 것으로 기존의 성경공부 교재에 나오는 예화에서 벗어나 우리들의 삶의 현장 속에서 적용할 수 있는 것입니다. 또한 곳곳에 놓여 있는 질문들은 편안한 마음으로 다른 사람들과 이야기를 나누는 데 활용할 수 있습니다

따라서 이 책을 통해 그림을 보면서 이야기를 나누고, 성경을 읽고 진리를 확인하며, 질문에 대답함으로써 여러 사람들과 생각을 주고받는 것을 신앙 공동체 안에서 반복할 수 있습니다.

이 책은 기존의 새가족 교재와는 다른 새로운 차별화를 시도하였고 현대인의 눈높이에 맞는 다양한 방법과 새로운 관점으로 만들었다는 점에서 큰 의미를 갖고 있습니다.

그러므로 교회에 처음 나온 초신자라도 복음에 대한 새로운 지식과 신앙생활을 하는 방법을 쉽고 재미있게 배울 수 있고, 동시에 기신자도 이 책을 통해 무력한 신앙생활에서 벗어나 새로운 영적 도전을 얻을 수 있습니다. 따라서 이 책은 새가족 교육 교재뿐만 아니라 청년부(대학부), 장년부들을 위한 신앙성숙 및 리더훈련 교재로도 사용할 수 있습니다.

2011년 5월
백석대학교 캠퍼스에서
한만오

1장_ 행복한 나와 꿈 · 11

1. 내가 어떤 존재인지 아시나요?
2. 누가 뭐라 해도 난 소중한 사람입니다
3. 하나님의 꿈이 나를 이끌 것입니다

2장_ 행복의 시작 · 27

1. 하나님과의 관계가 왜 행복의 시작입니까?
2. 아담의 죄가 왜 나의 죄입니까?
3. 하나님과의 관계를 다시 회복할 방법은 없나요?
4. 참된 행복은 예수님 한 분이면 충분합니다

3장_ 행복한 교제 · 45

1. 기도는 하나님과의 행복한 교제입니다
2. 행복한 인생의 답은 성경에 있습니다
3. 성경은 행복한 하나님과의 교제를 보장합니다

4장_ 행복한 만남 · 63

1. 예배는 하나님과의 행복한 만남입니다
2. 행복한 만남은 성도간의 교제입니다
3. 행복한 만남의 기쁨을 전하는 것이 전도입니다

5장_ 행복한 사랑 · 79

1. 그리스도인은 사랑하는 삶을 살도록 부름받았습니다
2. 하나님을 사랑하는 것이 행복한 사랑입니다
3. 자신을 사랑하는 것이 행복한 사랑입니다
4. 이웃사랑을 실천하는 것이 행복한 사랑입니다

1장 행복한 나와 꿈

1. 내가 어떤 존재인지 아시나요?

- '내가 어떤 존재인지' 자신에게 질문해 본 적이 있나요?
- 내 존재의 가치는 얼마일까요?
- 나는 누구일까요? 나는 지금 왜, 무엇을 위해, 어떻게 살아가고 있나요?
- 혹시 인생이 살맛나지 않는다면 왜 그렇다고 생각하나요?

■ 사람은 어떻게 창조되었을까요?

▶ **성경에서 사람은 어떻게 창조되었다고 했나요?**

첫째, 사람은 하나님의 형상대로 창조되었습니다.

"하나님이 자기 형상 곧 하나님의 형상대로 사람을 창조하시되 남자와 여자를 창조하시고" (창세기 1:27)

사람은 하나님의 형상대로 창조되었습니다. 그러나 사람이 하나님의 형상대로 창조되었다고 해서 하나님도 사람처럼 눈, 코, 입, 팔, 다리 등이 있다고 생각하나요? 아닙니다. 하나님은 영이시기 때문에 인간의 눈에는 보이지 않습니다.

둘째, 사람은 하나님의 것을 제공받았습니다.

하나님은 사람을 흙으로 지으시고, 사람의 코에 생명의 숨을 불어넣어 주셨습니다. 그래서 사람은 하나님과 교제와 사랑을 나눌 수 있는, 살아 있는 영적 존재이면서 동시에 하나님의 분신과 같은 소중한 존재입니다.

"여호와 하나님이 땅의 흙으로 사람을 지으시고 생기를 그 코에 불어넣으시니 사람이 생령이 되니라" (창세기 2:7)

> **사람이 동식물과 다른 점은 무엇일까요?**
>
> "하나님께서는 사람을 지으실 때 생기를 불어넣어 생령이 된 존재로 만드셨습니다"(창 2:7참조). 식물과 동물은 생명을 지닌 존재라는 점에서 공통점을 갖고 있지만, 식물은 이

> 동이 불가능하고 동물은 자유롭게 이동이 가능하다는 점에서 차이점을 갖고 있습니다. 또한 동물과 사람은 자유롭게 움직이고 활동할 수 있다는 공통된 특징을 갖고 있지만, 사람에게 있는 '생기'가 동물에는 없다는 점에서 큰 차이를 지니고 있습니다.
> 이처럼 하나님께서는 사람에게만 친히 그의 코에 생기를 불어넣으시고, 특별한 존재로 만드셨습니다. '생기'를 소유한 사람만이 하나님과 교제할 수 있는 특권과 은혜를 입은 것입니다.

셋째, 사람은 하나님의 복과 사명을 받았습니다.

"하나님이 그들에게 복을 주시며 하나님이 그들에게 이르시되 생육하고 번성하여 땅에 충만하라, 땅을 정복하라, 바다의 물고기와 하늘의 새와 땅에 움직이는 모든 생물을 다스리라 하시니라" (창세기 1:28)

하나님은 자신의 형상대로, 자신의 생기(생명의 기운, the breath of life)로 사람을 만드셨습니다. 그리고 사람에게 모든 것을 맡기시고, 관리하는 사명을 주셨습니다.

이 세상에 존재하는 모든 사람들은 하나님의 형상대로 창조되었고, 동시에 하나님의 사명을 부여받은 소중한 존재입니다.

❓ 생각해 볼까요?

사람은 하나님의 창조물 중 가장 귀한 존재이면서 동시에 만물의 영장으로 창조되었습니다. 하지만 사람에게도 한계가 있습니다. 사람은 스스로 자신이 누구이며, 어디서 왔는지, 어디로 갈 것인지 등을 전혀 알지 못합니다.

이 세상에 살았던 유명한 철학자, 신학자, 사상가, 교육자 등은 이와 같은 질문을 스스로 던지고 고민하며 연구했지만 결국은 속시원한 대답을 얻지 못했습니다.

　사람은 하나님의 피조물로서 한계가 있기 때문에 자신에 대해서 잘 모릅니다. 사람은 오직 성경을 통해서만 자신에 대해 알 수 있습니다. 성경만이 사람의 창조 기원, 존재 가치, 삶과 죽음 등에 대해서 가르쳐 줄 수 있습니다.

2. 누가 뭐라 해도 난 소중한 사람입니다

■ 당신은 스스로 가치 있는 사람이라고 생각하십니까?
■ 당신이 왜 존귀한 가치가 있다고 생각하십니까?
■ 당신의 가치는 어느 정도 된다고 생각하십니까?
■ 당신 스스로 이 세상에서 가장 쓸모없는 존재라고 무시하고 멸시하고 학대한 적은 없었나요?

하나님은 당신을 어떤 존재로 생각하실까요? 하나님이 당신을 사랑하고 생각하는 마음은 당신이 당신을 사랑하고 생각하는 마음과는 비교할 수 없습니다. 하나님은 당신을 그 누구보다도 사랑하십니다. 당신이 당신 스스로를 사랑하는 것보다도 말입니다. 왜냐고요? 당신은 하나님께 가장 소중한 존재이기 때문입니다.

"너는 두려워하지 말라 내가 너를 구속하였고 내가 너를 지명하여 불렀나니 너는 내 것이라" (이사야 43:1下)

"네가 내 눈에 보배롭고 존귀하며 내가 너를 사랑하였은즉 내가 네 대신 사람들을 내어 주며 백성들이 네 생명을 대신하리니" (이사야 43:4)

"하나님이 세상을 이처럼 사랑하사 독생자를 주셨으니 이는 그를 믿는 자마다 멸망하지 않고 영생을 얻게 하려 하심이라" (요한복음 3:16)

- 당신은 왜 보배롭고 존귀한 존재인가요?
- 존귀한 존재인 당신은 앞으로 어떻게 살아야 합니까?

사람의 가치

채플 시간에 나는 ○○사단에서 군목으로 계신 ○○○목사님을 초대했습니다. 그분은 사람의 가치를 설명하기 위해 지갑에서 만 원짜리 한 장을 꺼내어 학생들에게 보여 주셨습니다. 그리고 이렇게 말씀하셨습니다.
"여러분 중 혹시 만 원을 갖고 싶은 사람이 있나요?"
"저요! 저요! 저 주세요, 목사님!"
수십 명의 학생들이 손을 들었습니다. 목사님은 학생들을 지긋이 바라보며 만 원짜리 지폐를 구기기 시작했습니다. 그러고는 다시 학생들에게 똑같은 질문을 했습니다. 학생들은 전과 같이 서로 만 원짜리 지폐를 받겠다고 아우성을 치며 손을 들었습니다. 그러자 목사님은 구겨진 만 원짜리 지폐를 바닥에 던져 구두로 밟은 다음, 다시 이렇게 물었습니다.
"좀 구겨지고 더럽지만, 그래도 만 원을 가질 사람이 있나요?"
"목사님, 괜찮습니다. 저를 주세요. 저 주세요."
학생들은 오히려 더 크게 소리치며 만 원을 달라고 했습니다.
목사님은 다시 만 원을 반으로 찢은 후에 이렇게 물었습니다.
"찢어진 만 원짜리 지폐를 갖고 싶은 사람은 나오세요."
그러자 한 남학생이 재빠르게 강단으로 뛰어나왔습니다.
목사님은 그 남학생에게 이렇게 물었습니다.
"학생은 왜 더럽고 찢어진 만 원짜리 지폐를 가지려고 하죠?"
그러자 학생들이 웃으며 말했습니다.
"그래도 만 원짜리니까요."

하나님은 당신의 존재가 구겨지고 찢어져도 당신을 절대로 버리지 않으십니다. 왜냐하면 당신은 사랑스러운 하나님의 자녀이고, 당신의 모습은 하나님이 보시기에 늘 소중하고 늘 똑같은 가치를 지니고 있기 때문입니다.

❓ 생각해 볼까요?

당신은 인류 역사상 오직 하나뿐인 존귀한 존재입니다. 당신은 사랑받기 위해 태어난 소중한 존재이며, 아주 특별한 사람입니다.

사람은 어떻게 태어났습니까? 사람은 하나님의 생기(생명의 기운, the breath of life)를 통하여 하나님의 형상으로 태어났습니다. 인간은 하나님으로부터 생명의 에너지를 공급받으며 살아가는 존재입니다. 사람은 하나님의 사랑을 받는 존재인 동시에 하나님을 사랑하고 하나님과 교제하고 하나님께 경배하도록 만들어진 존재입니다.

만약 하나님으로부터 생명의 에너지의 공급이 끊어진다면 사람은 어떻게 될까요? 이 세상에 존재하는 동물처럼 사람도 허망한 흙과 같은 존재가 될 것입니다. 하지만 하나님은 먼지와 티끌 같은 존재인 사람에게만 하나님의 생명의 힘을 불어넣어 주셨습니다. 그래서 하나님은 사람을 이 세상의 모든 창조물 중에서 가장 사랑하고 소중하게 생각하십니다.

- 존귀한 사람은 어떻게 살아야 합니까?
- 존귀한 사람이 꾸는 꿈은 무엇일까요?

3. 하나님의 꿈이 나를 이끌 것입니다

■ 당신은 하고 싶고, 되고 싶은 꿈이 있나요?
■ 하나님께서 주신 당신만의 특별한 꿈은 무엇인가요?
■ 하나님은 당신을 어떤 일로 부르셨나요?

세상에서 가장 불행한 사람은 꿈이 없는 사람입니다. 제아무리 돈이 많고, 높은 지위와 명예가 있고, 수준 높은 학문과 지식이 있고, 빼어난 얼굴과 몸매 등을 가지고 있더라도 진정한 삶의 목적과 의미가 없다면 초라한 인생을 살 수밖에 없습니다.

꿈이 없는 인생은 빈곤에 찌든 인생입니다. 몸이 아주 건강한 젊은이라도 꿈이 없으면 늙은이와 같습니다. 나이가 들어 늙는 게 아니라 꿈을 잃으면 늙는 것입니다. 하나님은 모든 사람에게 가장 알맞은 인생의 목적과 의미를 위한 꿈을 각 사람의 마음속에 심어 주셨습니다. 하나님은 지구상에 존재하는 모든 사람을 가장 존귀하게 창조하셨을 뿐만 아니라 다른 사람들이 해낼 수 없는 당신만의 특별한 꿈을 부여하셨습니다. 그러므로 당신은 이 세상에서 가장 존귀한 가치를 지닌 사람이고, 특별한 꿈을 가지고 태어난 사람입니다.

"여호와의 말씀이니라 너희를 향한 나의 생각을 내가 아나니 평안이요 재앙이 아니니라 너희에게 미래와 희망을 주는 것이니라" (예레미야 29:11)

"묵시가 없으면 백성이 방자히 행하거니와 율법을 지키는 자는 복이 있느니라" (잠언 29:18)

꿈은 다이어트와 같습니다. 불어난 체중을 줄이기 위해서 혹은 건강을 위해서 누구나 한 번쯤은 다이어트를 시도합니다. 그러나 다이어트는 시작은 있어도 끝은 없습니다. 다이어트는 평생 관리해야만 비로소 성공할 수 있습니다. 관리를 잘해서 다이어트에 성공했어도 약간만 방심하면 다시 체중이 늘 수밖에 없습니다.

꿈도 다이어트처럼 꾸준히 관리해야 합니다. 그 누구에게나 어려운 고비는 있습니다. 그 고비를 넘겨야 꿈을 성취할 수 있습니다. 다이어트를 잘못하면 요요현상이 나타나듯, 꿈을 제대로 관리하지 못하면 꿈을 꾸는 것조차도 힘들어집니다. 방심하지 말고 계속해서 꿈을 꾸어야 합니다. 그래야 그 꿈을 이룰 수 있습니다.

하나님은 당신을 향한, 당신을 위한, 당신이 이룰 수 있는 꿈을 갖고 계십니다. 너무나 많은 사람들은 하나님께서 맡기신 위대한 꿈을 소중하게 여기지 않습니다. 심지어는 당신에게 주신 하나님의 꿈을 잃어버리고 살아갑니다. 만약 당신이 꿈을 갖고 있다면, 이 말을 기억하십시오. "하나님은 꿈꾸는 자를 사랑하신다. 하나님은 꿈을 허락하시는 분이시며, 큰 꿈을 꾸고자 하는 자에게 관심이 많으시다."

만약 당신이 '너무나 나이가 많아서', '능력이 없어서', '배움이 적어서', '가난해서', '외모가 좀 떨어져서', '집안이 안 좋아서'와 같은 이유로 꿈을 이룰 수 없다고 생각한다면 새빨간 거짓말에 속고 있는 것입니다. 당신이 어떤 꿈을 꾸든 하나님께서 그 꿈을 꾸도록 하셨다면, 그 꿈은 반드시 이루어집니다.

하나님은 꿈꾸는 자를 사랑하십니다. 하나님은 꿈꾸기를 원하는 모든 사람에게 그분의 꿈을 주십니다. 그리고 위대한 꿈을 가진 자에게 관심이 많으십니다. 당신에게 가장 알맞은 당신만의 맞춤형 꿈을 주실 분은 오직 하나님밖에는 없습니다. 하나님은 위대하고 특별한 일을 하도록 당신을 이 세상에 태어나게 하셨습니다. 당신에게 꿈을 주시고, 당신의 꿈을 이루게 하시고, 당신의 꿈을 완성하실 분은 하나님이십니다. 당신의 계획과 꿈을 성취하기 위해서는 하나님의 도우심과 인도하심이 있어야만 가능합니다.

"사람이 마음으로 자기의 길을 계획할지라도 그의 걸음을 인도하시는 이는 여호와시니라" (잠언 16:9)

생각해 볼까요?

하나님께서는 10대 청소년 허드슨 테일러에게 꿈을 주셨습니다. 그것은 당시 어른들은 감히 생각할 수 없었던 중국내륙선교에 대한 꿈이었습니다. 그는 마침내 중국선교의 아버지가 되었습니다.

허드슨 테일러처럼, 농촌에서 태어난 한 고등학생이 무릎을 꿇고 하나님께 간절히 기도드렸습니다. 하나님께서 그에게 겨자씨와 같은 믿음을 주셨습니다. 주님은 그에게 선지학교를 세우라는 아름다운 꿈을 주셨습니다. 시작은 참으로 작았습니다. 3평짜리 임대 사무실에서 학교를 시작하였지만 욥기 8장 7절 말씀이 성취되었습니다.

"네 시작은 미약하였으나 네 나중은 심히 창대하리라" (욥8:7).

그가 바로 백석학원의 설립자 장종현 목사입니다. 하나님께서는 그분에게 분명한 확신을 주셨습니다. "사람을 변화시키고 영적 생명을 살리는 교육은 오직 하나님의 말씀에 의해서만 가능합니다"라는 설립취지를 가지고 오늘까지 달려오게 하셨습니다.

하나님께서는 우리 백석학원에 놀라운 꿈을 주셨습니다. 먼저 수많은 영혼들을 그리스도 앞으로 인도함으로써 학원복음화를 위한 꿈을 주셨습니다. 나아가 기독교지성인들을 더욱 많이 양육해야 하는 꿈을 주셨습니다. 무엇보다도 신실한 목회자와 선교사와 신학자들을 배출하라는 꿈을 주셨습니다. 하나님이 함께하는 우리 대학은 기독교 대학의 글로벌 리더의 꿈을 가슴에 품고 있습니다.

-백석대학교 성종현 교수의 글 중에서-

꿈을 가진 사람의 특징

꿈을 가진 사람은 목표 없이 일에만 열중하는 사람과 구분되는 뚜렷한 특징을 지니고 있습니다.

미래를 내다보고 준비합니다.
꿈을 가진 사람은 과거나 현실의 문제에 집착하지 않고, 미래의 소망을 품고 앞을 바라보며 나아갑니다. 1년 후, 3년 후, 5년 후, 10년 후를 볼 수 있는 마음의 눈과 힘을 가지고 있습니다.

열정을 가지고 있습니다.
꿈이 자동차라면 열정은 엔진입니다. 꿈을 가진 사람은 그 꿈을 성취하기에 부족함 없는 열정을 가지고 있습니다.

삶의 목표가 명백합니다.
슈바이처 박사는 스물한 살 때 '나는 30세까지는 학문과 예술을 위하여 공부하고, 30세 이후에는 다른 사람을 위해서 인생을 바친다'라는 분명한 목표를 정했습니다. 내가 바라는 미래의 모습을 공개적으로 선언하면 곧 그 말들은 사실로 나타날 것입니다.

강한 정신력을 갖고 있습니다.
꿈을 가진 사람은 자신의 약점을 뛰어넘는 힘을 가지고 있습니다. 강력한 꿈은 인생의 험난한 파도를 넘을 수 있게 합니다.

다른 사람들에게 영향력을 끼칩니다.
자신이 누구이고, 어디로 가고 있으며, 어디로 가야 하는지를 알고 있는 사람은 다른 사람을 이끌고 영향력을 끼칠 수 있습니다.

꿈을 가진 사람은 행복합니다.
앞길이 창창한 젊은이라도 꿈이 없다면 불행한 사람입니다. 하지만 나이가 지긋한 노인일지라도 꿈이 있으면 젊은이 못지않은 의지와 의욕을 갖고 있으므로 행복한 사람입니다.

자기관리를 잘합니다.
소중한 꿈을 이룬 사람들은 대부분 자기관리를 철저히 했기 때문에 그 꿈을 성취한 것입니다.

-한만오, 「네가 어떤 꿈을 꾸든 꿈이 너를 이끌 것이다」 중에서-

2장 행복의 시작

1. 하나님과의 관계가 왜 행복의 시작입니까?

- 당신은 행복의 조건이 무엇이라고 생각하세요?
- 당신은 현재 삶에 만족하세요?
- 당신이 불행하다고 생각한 적은 없었나요?

행복한 삶을 원하지 않는 사람은 이 세상에 단 한 사람도 없을 것입니다. 사람들은 모두 행복하게 살고 싶어 하는 욕구가 있습니다. 사람들은 행복한 삶을 위해서 돈을 모으고, 공부를 하고, 좋은 직장을 구하고, 좋은 조건을 가진 사람과 결혼을 하고, 좋은 차를 타고, 좋은 집에서 살면서 여가생활을 즐기려고 많은 시간을 노력하며 삽니다.

하지만 진정으로 행복하게 살아가는 사람은 주변에 흔하지 않습니다. 대부분의 사람들은 "성공하면 행복할 것이다", "돈이 많으면 행복할 것이다", "좋은 집에서 살면 행복할 것이다"와 같은 생각을 하고, 행복의 조건을 잘못 이해하면서 살아가고 있습니다.

그렇다면 왜 사람들은 그토록 원하는 행복한 사람이 되지 못하고 행복한 삶·행복한 인생을 누리지 못하는 것일까요? 그것은 하나님과의 관계에 문제가 있기 때문입니다. 하나님과의 관계가 단절되었기 때문입니다. 하나님과의 관계가 끊어졌기 때문입니다.

사람들이 하나님의 존재를 믿지 않는 가장 큰 이유가 무엇일까요? 사람들이 하나님을 눈으로 볼 수 없고, 만질 수도 없고, 느낄 수도 없기 때문입니다. 그러나 사람의 눈에 보이지는 않지만 실제로 존재하는 공기나 바람, 그리고 감정과 같은 사랑처럼 하나님은 영으로서 반드시 존재합니다.

"어리석은 자는 그의 마음에 이르기를 하나님이 없다 하는도다 그들은 부패하고 그 행실이 가증하니 선을 행하는 자가 없도다" (시편 14:1)

그렇다면 왜, 하나님과의 관계에 문제가 발생했나요? 하나님과의 관계가 끊어진 이유가 무엇일까요? 그것은 바로 우리의 죄 때문입니다. 하나님의 명령에 불순종하였기 때문입니다.

"여호와 하나님이 그 사람에게 명하여 이르시되 동산 각종 나무의 열매는 네가 임의로 먹되 선악을 알게 하는 나무의 열매는 먹지 말라 네가 먹는 날에는 반드시 죽으리라 하시니라" (창세기 2:16-17)

하나님은 아담에게 무엇을 주셨습니까? 에덴동산에 있는 모든 것을 다 주셨습니다. 하지만 단 한 가지 명령만은 꼭 지키라고 하셨습니다. 그것은 바로 동산에 있는 모든 실과는 마음대로 먹을 수 있으나 동산 중앙에 있는 선악을 알게 하는 나무의 열매는 먹지 말라는 것이었습니다. 만약에 그 열매를 먹으면 반드시 죽게 된다고 말씀하셨습니다.

- 왜 하나님은 아담에게 선악과만을 먹지 말라고 명령하셨을까요?
- 왜 아담은 선악과를 먹고 싶었을까요?

"여자가 그 나무를 본즉 먹음직도 하고 보암직도 하고 지혜롭게 할 만큼 탐스럽기도 한 나무인지라 여자가 그 열매를 따먹고 자기와 함께 있는 남편에게도 주매 그도 먹은지라" (창세기 3:6)

인간이 지은 범죄의 죄목은 무엇이었을까요? 살인이나 강도, 불륜이었나요? 아닙니다. 하나님의 명령에 불순종한 죄였습니다. 아담은 하나님의 명령에도 불구하고 선악을 알게 하는 나무의 열매를 따 먹고 말았습니다. 이와 같이 하나님의 말씀에 대한 불순종이 바로 죄가 인간에게 들어오게 된 이유입니다. 이후부터 인간은 죄인이 되었고, 하나님과의 관계가 끊어지게 되었습니다.

"오직 너희 죄악이 너희와 너희 하나님 사이를 갈라 놓았고" (이사야 59:2上)

❓ 생각해 볼까요?

물을 떠난 물고기

뿌리없는 나무

하나님을 떠난 인간

물고기가 물을 떠나서는 살 수 없듯이, 뿌리가 뽑힌 나무는 죽을 수밖에 없듯이, 공기 없이는 동물이 살 수 없듯이, 하나님 없이는 인간은 살아갈 수 없는 존재입니다. 하나님과의 관계가 끊어진 상태에서 인간은 행복할 수 없습니다.

- 당신은 어항 안에 있는 물고기와 같은 그리스도인이 되고 싶은가요?
- 아니면 어항 밖에 있는 물고기와 같은 그리스도인이 되고 싶은가요?

2. 아담의 죄가 왜 나의 죄입니까?

왕이 자녀에게
왕관을 전달한 것과 같이
아담의 죄도 당신에게
전달된 것입니다.

■ 아담의 잘못으로 생긴 죄가 왜 나의 죄일까요?

아담이 죄인인 것은 조금이나마 이해할 수 있는데, 당신이 죄인이라는 것은 도무지 이해가 되지 않지요? 하지만 성경은 한 사람(아담)의 죄로 인하여 죄가 이 세상에 들어왔고, 당신에게까지 그 죄가 전달되어서 죄의 영향 아래에 있다고 말하고 있습니다.

"그러므로 한 사람으로 말미암아 죄가 세상에 들어오고 죄로 말미암아 사망이 들어왔나니 이와 같이 모든 사람이 죄를 지었으므로 사망이 모든 사람에게 이르렀느니라" (로마서 5:12)

인간의 조상인 아담이 죄인이었기에, 그리고 그 죄가 아담의 후손인 인간에게 전달되었기 때문에 이 세상에 존재하는 모든 사람들은 죄인이 되었습니다. 따라서 이 세상 누구도 죄에서 자유로운 사람은 없습니다. 그러므로 좋든 싫든, 무조건 인간은 누구나 죄인일 수밖에 없습니다.

"기록된 바 의인은 없나니 하나도 없으며" (로마서 3:10)

■ 당신이 죄인이라는 사실이 이해가 됩니까? 이 사실을 인정하고 있습니까, 아니면 부인하고 있습니까?

❓ 생각해 볼까요?

> 300년쯤 된 나무가 한 그루 있었다. 그 나무는 아주 오래되어서 줄기는 거의 검정색에 가까울 정도로 진하고 음산했고, 뱀이 나올 것 같은 시커멓고 큰 구멍도 줄기 한 가운데 움푹 패어 있었다. 또한 엄청난 두께의 나무줄기는 기둥과 같았고 흉측해 보이기까지 했다. 그러나 수많은 세월이 지나며 매번 봄을 맞을 때마다 죽은 것 같은 그 나무에서 순한 새잎이 다시 돋아나곤 했다.
>
> 오랜 겨울이 지나고 새봄이 되었다. 어느 해와 같이 가지 끝에서는 연하디 연한 새잎이 돋아나오고 있었다. 연한 초록빛을 띠는 새잎은 무척이나 순순하고, 아름답고, 여려보

였다. 어떤 세월도 느껴지지 않는 듯. 그러나 그 새잎의 모든 영양분은 시커먼 고목나무의 중심으로부터 그 진액이 올라간 것이었다. 고목나무와 그 잎은 겉모습은 너무 달랐으나 그들은 한 몸이고 한 진액으로 생명을 유지하고 있었던 것이다.

-김민정, 「당신을 위해 오랫동안 준비된 선물」 중에서-

3. 하나님과의 관계를 다시 회복할 방법은 없나요?

- 당신은 하나님과의 관계가 좋다고 생각합니까?
- 당신과 하나님은 어떤 관계입니까?

인간의 죄의 문제가 해결되면 하나님과의 관계도 회복됩니다. 하나님은 자신과 인간의 관계가 회복되기를 간절히 원하십니다.

성경에서는 인간이 지은 죄를 해결 받고 하나님과의 관계가 다시 회복되는 것을 '구원'이라고 합니다. '구원'은 하나님의 선물입니다. '구원'은 인간의 손에 있는 것이 아니라, 하나님의 손에 있는 것입니다. '구원'은 인간의 수단과 방법, 다른 종교로는 얻을 수 없습니다. 오직 '구원'은 하나님의 방법과 은혜, 사랑으로만 가능합니다.

하나님과의 관계가 회복되려면 어떻게 해야 하나요?

첫째, 인간이 하나님과의 관계를 회복하는 길은 예수님밖에 없습니다.

"하나님이 세상을 이처럼 사랑하사 독생자를 주셨으니 이는 그를 믿는 자마다 멸망하지 않고 영생을 얻게 하려 하심이라" (요한복음 3:16)

"예수께서 이르시되 내가 곧 길이요 진리요 생명이니 나로 말미암지 않고는 아버지께로 올 자가 없느니라" (요한복음 14:6)

우리 인간이 구원받을 수 있는 방법은 오직 예수님밖에는 없습니다. 하나님께서는 인간의 죄를 해결해 주시고, 인간을 구원해 주시기 위해서 하나뿐인 독생자 예수님을 이 세상에 보내 주셨습니다.

둘째, 예수님은 인간의 죄를 해결하시기 위해서 죽으셨습니다.

"우리는 다 양 같아서 그릇 행하여 각기 제 길로 갔거늘 여호와께서는 우리 모두의 죄악을 그에게 담당시키셨도다" (이사야 53:6)

"친히 나무에 달려 그 몸으로 우리 죄를 담당하셨으니 이는 우리로 죄에 대하여 죽고 의에 대하여 살게 하려 하심이라" (베드로전서 2:24上)

인간의 죄를 해결하기 위해서 하나님은 반드시 대속물이 필요했습니다. 대속물은 흠이 없고, 죄가 없는 것이어야 합니다. 그러므로 죄 없으신 예수님만이 인간의 죄를 대속할 수 있습니다. 예수님은 인간이 치러야 할 죗값을 모두 담당하시기 위해서 십자가에 달려 죽으시고, 다시 부활하셨습니다.

셋째, 인간은 예수님을 믿어야 구원을 받고, 하나님과의 관계가 회복됩니다.

"예수께서 이르시되 내가 곧 길이요 진리요 생명이니 나로 말미암지 않고는 아버지께로 올 자가 없느니라" (요한복음 14:6)

"다른 이로써는 구원을 받을 수 없나니 천하 사람 중에 구원을 받을 만한 다른 이름을 우리에게 주신 일이 없음이라 하였더라" (사도행전 4:12)

하나님은 '우리가 구원을 받기 위해' 우리에게 무엇을 요구하십니까? 하나님은 우리의 죄를 위해 십자가에 못 박혀 돌아가시고 삼일 만에 부활하신 예수님을 구주로 받아들이고 그 사실을 인정하며 믿을 것을 요구하십니다. 예수님만이 구원의 길로 가는 유일한 방법이요, 열쇠입니다. 다른 종교와 방법으로는 구원이 없습니다. 예수님을 영접하면 인간은 죄가 없어져서 하나님과의 관계가 다시 회복되고, 하나님의 자녀가 되는 위대한 축복을 받게 됩니다.

"영접하는 자 곧 그 이름을 믿는 자들에게는 하나님의 자녀가 되는 권세를 주셨으니" (요한복음 1:12)

▶ 예수님을 어떻게 하면 영접할 수 있을까요?

당신은 아래와 같은 방법으로 예수님을 영접할 수 있습니다.

첫째, 내가 죄인이라고 인정해야 합니다.

"그러면 어떠하냐 우리는 나으냐 결코 아니라 유대인이나 헬라인이나 다 죄 아래에 있다고 우리가 이미 선언하였느니라 기록된 바 의인은 없나니 하나도 없으며" (로마서 3:9-10)

▨ 인간은 왜 구원을 받아야 하나요?
▨ 어떻게 구원을 받을 수 있나요?

이 세상에 존재하는 모든 사람은 다 죄인입니다. 이것이 우리가 구원받아야 할 이유입니다. 모든 인간은 다 죄인이기 때문에 하나님 앞에서 죄에 따른 심판을 받게 될 것입니다. 죄의 값은 무엇일까요? 죽음입니다. 인간은 죄의 값을 받아야 하고, 피할 수도 없습니다.

둘째, 입으로 예수님을 구원자로 인정해야 합니다.

"네가 만일 네 입으로 예수를 주로 시인하며 또 하나님께서 그를 죽은 자 가운데서 살리신 것을 네 마음에 믿으면 구원을 받으리라" (로마서 10:9)

셋째, 마음으로 믿어야 합니다.

우리는 무엇을 믿어야 합니까? 예수님이 십자가에 못 박혀 돌아가시고 삼일 만에 부활하신 것을 믿어야 합니다.

"네가 만일 네 입으로 예수를 주로 시인하며 또 하나님께서 그를 죽은 자 가운데서 살리신 것을 네 마음에 믿으면 구원을 받으리라 사람이 마음으로 믿어 의에 이르고 입으로 시인하여 구원에 이르느니라" (로마서 10:9-10)

? 생각해 볼까요?

이 세상에 살고 있는 어느 누구도 사랑받기를 원하지 않는 사람은 없을 것입니다. 사랑에는 세 가지의 종류가 있습니다.

첫 번째 사랑은 당신이 어떤 요구 조건을 충족해 주어야만 얻을 수 있는 사랑입니다. 예를 들어, "나에게 돈을 준다면 사랑해 줄게." "나랑 결혼해 준다면 사랑해 줄게." 이와 같은 사랑을 '조건부 사랑'이라고 합니다.

두 번째 사랑은 당신이 어떤 사랑을 받을 만한 조건과 환경, 그리고 자격 때문에 받는 사랑을 말합니다. 예를 들어, "나는 당신의 얼굴이 아름다워서 결혼하고 싶어요." "나는 당신의 돈 때문에 사귀고 싶어요." "엄마는 네가 공부를 잘하기 때문에 사랑한단다." 이와 같은 사랑을 '때문에 사랑'이라고 합니다.

세 번째 사랑은 당신의 악조건과 환경, 그리고 자격이 없음에도 불구하고 사랑을 받을 수 있는 사랑을 말합니다. 예를 들어, "나는 당신의 신체에 장애가 있다 하더라도 영원히 사랑할 것입니다." "나는 당신의 OOO에도 불구하고 좋아해요." 이와 같은 사랑을 '불구하고의 사랑'이라고 합니다.

참 사랑은 무엇입니까? 바로 '불구하고의 사랑'입니다. 예수님의 사랑이 바로 '불구하고의 사랑'입니다.

"우리가 사랑함은 그가 먼저 우리를 사랑하셨음이라" (요한일서 4:19)

▨ 당신은 어떤 사랑을 받기를 원하십니까?

4. 참된 행복은 예수님 한 분이면 충분합니다

참된 행복은 예수님 안에 있는 것입니다.

■ 과연 이 세상에 참된 행복이 존재할까요?

참된 행복은 예수님 한 분이면 충분합니다. 모든 인류의 구원자이신 예수님을 만나십시오. 예수님만 만나면 행복은 자동으로 찾아옵니다. 진정한 행복은 예수님 안에 살면서 천국을 사모하며 사는 것입니다.

우리는 '성공하면 행복하다'라는 세상 공식을 버리고, '예수님 믿으면 행복하다'라는 성경 공식으로 참 행복을 찾아야 합니다.

"주께서 생명의 길을 내게 보이시리니 주의 앞에는 충만한 기쁨이 있고 주의 오른쪽에는 영원한 즐거움이 있나이다" (시편 16:11)

● 생각해 볼까요?

18세기 프랑스의 왕 루이 14세는 사치를 좋아하던 사람입니다. 그는 온갖 사치를 다 누리면서도 결코 만족을 몰랐던 왕입니다. 그러던 그가 어느 날 중병에 걸려 죽게 되었습니다. "이 세상에서 가장 행복한 사람의 속옷을 입어야 병이 낫는다"는 의사의 진단을 받고 왕은 신하에게 전국을 돌며 행복한 사람의 속옷을 찾아오라고 지시했습니다.
신하는 늘 기쁨에 넘쳐 노래를 즐겨 부르는 목동이 제일 행복해 보인다는 소문을 듣고 그를 찾아갔습니다. 목동은 만족한 마음으로 하프를 켜며 노래를 부르고 있었습니다. 신하는 소년에게 자초지종을 이야기한 후, 왕에게 필요하니 속옷을 달라고 했습니다. 그러자 목동은 너무나 가난해서 겉옷 한 벌밖에는 없다고 대답했습니다. 이 소식을 듣고 실망한 왕은 "행복한 사람은 있으나 그의 속옷은 없구나" 하는 명언을 남기고 죽었습니다.

-www.youngsys.com-

AD 9세기경 압둘라만 3세는 사라센 제국을 49년간이나 통치했고, 천문학적인 재산을 소유했습니다. 그리고 아름다운 여인 3321명을 후궁으로 거느렸고 그들로부터 616명의 자녀를 얻었습니다. 그는 행복의 조건이라 생각되는 모든 것, 즉 부귀와 힘과 쾌락을 소유했습니다. 그러나 그가 숨을 거두는 순간, 자기 인생에서 참된 행복을 누린 날은 겨우 14일이라는 충격적인 고백을 했습니다.

—국민일보 겨자씨, 2008.11.28.—

■ 당신은 두 이야기를 읽고 참된 행복의 조건이 무엇이라고 생각했습니까?

3장 행복한 꼬제

1. 기도는 하나님과의 행복한 교제입니다

 당신은 기도가 무엇이라고 생각합니까?

 기도가 무엇인지 짧게 말해 보세요. 그리고 말한 것을 적어 보세요.

 ....

 ....

기도란 무엇일까요?

첫째, 기도는 하나님과의 교제입니다.
당신은 혹시, 이렇게 기도하지는 않나요?

"하나님 아버지! 제 기도제목은요…첫째, 이번 수능시험에 1등급이 나와서 S대학에 수석으로 들어가게 해 주세요. 둘째, 이번 아파트 추첨에 당첨시켜 주세요. 셋째, 제 남편 술버릇 좀 고쳐 주세요. 넷째, 우리 집 강아지 감기도 낫게 해 주세요. 그리고…."

당신은 혹시, 하나님 앞에서 일방적으로 자신의 요청만 하는 기도를 한 적은 없습니까? 또한 당신은 하나님을 자신의 기도요청서에 사인만 하는 분으로 착각하고 기도한 적은 없습니까? 이런 기도가 하나님과의 교제라고 할 수 있을까요?

당신은 부모님과 친구들에게 전화로 자주 교제하는 것처럼 하나님과도 자주 기도로 교제를 하십니까? 기도는 하나님과의 교제입니다. 하나님과 자주 교제하는 사람도 있고, 반대로 자주 교제를 하지 않는 사람도 있을 것입니다.

존 칼빈은 "기도는 하나님과 경건한 사람들 사이의 친밀한 만남이다"라고 했고, 존 녹스는 "기도는 하나님과 진지하고 친밀하게 이야기하는 것이다"라고 했습니다. 기도는 하나님과의 교제이면서 친밀한 만남의 시작입니다.

"여호와께서 내 간구를 들으셨음이여 여호와께서 내 기도를 받으시리로다" (시편 6:9)

둘째, 기도는 문제해결의 열쇠입니다.

기도는 인간의 힘으로 할 수 없는 불가능한 문제들을 해결해 주는 열쇠입니다. 인간의 힘은 제한적이지만 기도의 힘은 무제한적입니다. 앤드류 머레이는 "기도는 다른 방법으로 얻을 수 없는 것을 얻게 해 주고 다른 방법으로 해결할 수 없는 것을 해결해 준다"고 말했습니다. 이와 같이 기도는 문제해결의 열쇠입니다.

"너는 내게 부르짖으라 내가 네게 응답하겠고 네가 알지 못하는 크고 은밀한 일을 네게 보이리라" (예레미야 33:3)

"환난 날에 나를 부르라 내가 너를 건지리니 네가 나를 영화롭게 하리로다" (시편 50:15)

셋째, 기도는 필요를 채워 주는 통로입니다.

몽테뉴는 "기도는 하늘의 축복을 받게 하는 통로이다"라고 말했습니다. 기도는 인간이 원하는 것을 채워 주는 통로를 만들어 줍니다.

"그가 사모하는 영혼에게 만족을 주시며 주린 영혼에게 좋은 것으로 채워 주심이로다" (시편 107:9)

"구하라 그리하면 너희에게 주실 것이요 찾으라 그리하면 찾아낼 것이요 문을 두드리라 그리하면 너희에게 열릴 것이니 구하는 이마다 받을 것이요 찾는 이는 찾아낼 것이요 두드리는 이에게는 열릴 것이니라" (마태복음 7:7-8)

기도는 살아 계신 하나님과의 교제이며 하나님의 자녀만이 누릴 수 있는 특권입니다. 또한 기도는 하늘의 보물창고를 여는 열쇠입니다. 하나님은 하늘 창고의 주인입니다. 그렇다면 무엇으로 하나님의 보물창고를 열 수 있을까요? 그 방법은 너무나 간단합니다. 하나님께 기도하는 길밖에는 없습니다. 만약에 당신이 이 특권을 사용하지 않는다면 정말로 당신은 어리석은 사람입니다. 우리는 언제, 어디서나 하나님의 자녀들에게 주신 기도의 특권을 사용해야 합니다.

어떻게 기도해야 할까요?

자전거 도둑은 빼놓고요

토리라고 하는 네 살 된 예쁜 여자아이가 있었습니다. 그 아이는 아버지, 어머니, 오빠를 비롯한 모든 가족과 주변 사람의 사랑을 받고, 또 모두를 사랑하고 있었습니다.

어느 날, 아버지가 오빠에게 조그마한 새 자전거를 사주었습니다. 오빠는 자전거 뒤에 토리를 태워 주었습니다. 토리는 자전거를 타는 것이 너무 즐거웠고 행복했습니다. 그런데 뒤뜰에 놓아둔 자전거를 누가 가져가 버렸습니다. 온 가족이 이 일로 인해서 기분이 좋지 않았습니다. 특별히 토리는 마음이 아주 많이 상했습니다. 잠자리에 들기 전, 토리는 눈을 감고 손을 모으고 이렇게 기도했습니다. "하나님, 감사합니다. 저에게 아버지, 어머니, 오빠를 주셔서 감사하고요. 모든 것을 다 감사하고요. 그리고 모든 사람을 축복해 주세요." 그리고는 덧붙여서 이렇게 기도했습니다. "자전거 도둑은 빼놓고요."

—곽선희 목사의 「동행」 중에서—

가장 바람직한 기도는 토리와 같은 기도입니다. 토리의 기도는 솔직한 기도입니다. 그리고 미사여구로 장식된 유창한 기도가 아니라 솔직한 기도와 감사의 기도입니다. 당신은 어떤 자세로 기도를 하나요? 이런 자세로 기도해 보세요.

하나님과의 대화에 특별한 형식과 격식이 필요한 것은 아닙니다. 기도에는 특별한 형식은 없으나 기도를 처음 배우는 사람은 다음과 같은 방법을 따라서 해 보세요. 도움이 될 것입니다.

첫째, 간절한 믿음으로 기도하세요.
캘빈은 "'기도는 우연이 아닌 믿음으로 인도를 받는 것이다.' 이것이 기도의 법칙이다"라고 말했습니다. 기도는 간절한 믿음으로 해야 합니다. 믿음의 기도를 하기 위해서는 말씀에 근거해서 기도를 해야 합니다.

"믿음의 기도는 병든 자를 구원하리니 주께서 그를 일으키시리라 혹시 죄를 범하였을지라도 사하심을 받으리라" (야고보서 5:15)

"오직 믿음으로 구하고 조금도 의심하지 말라 의심하는 자는 마치 바람에 밀려 요동하는 바다 물결 같으니 이런 사람은 무엇이든지 주께 얻기를 생각하지 말라 두 마음을 품어 모든 일에 정함이 없는 자로다" (야고보서 1:6-8)

둘째, 감사하며 기도하세요.
당신은 돈 문제, 자녀 문제, 가정 문제, 취업 문제, 성적 문제, 진학 문제, 이성 문제, 미래에 대한 고민 등으로 염려와 걱정을 하십니까? 이런 염려와 걱정이 있다면 믿음으로 하나님께 맡겨 버리고 감사함으로 기도해야 합니다. 당신의 문제를 해결해 주시고 채워 주시는 분은 오직 하나님밖에 없습니다.

"아무 것도 염려하지 말고 다만 모든 일에 기도와 간구로, 너희 구할 것을 감사함으로 하나님께 아뢰라 그리하면 모든 지각에 뛰어난 하나님의 평강이 그리스도 예수 안에서 너희 마음과 생각을 지키시리라" (빌립보서 4:6-7)

"기도를 계속하고 기도에 감사함으로 깨어 있으라" (골로새서 4:2)

셋째, 죄를 고백하고 회개하는 자세로 기도하세요.
당신의 마음에 죄가 있으면 하나님께서는 당신의 기도를 받지 않으십니다. 그러므로 기도하기 전에 당신의 모든 죄를 고백하세요. 그리하면 사랑의 하나님께서 당신의 모든 죄를 용서해 주실 것입니다.

"내가 나의 마음에 죄악을 품었더라면 주께서 듣지 아니하시리라" (시편 66:18)

"만일 우리가 우리 죄를 자백하면 그는 미쁘시고 의로우사 우리 죄를 사하시며 우리를 모든 불의에서 깨끗하게 하실 것이요" (요한일서 1:9)

넷째, 예수님의 이름으로 기도하세요.
기도는 반드시 예수님의 이름으로 해야 합니다. 왜 예수님의 이름으로 해야 할까요? 그 이유는 기도는 반드시 예수님의 공로로 하나님께 드려지기 때문입니다.

"너희가 내 이름으로 무엇을 구하든지 내가 행하리니 이는 아버지로 하여금 아들로 말미암아 영광을 받으시게 하려 함이라" (요한복음 14:13)

❓ 생각해 볼까요?

　기도는 하나님께서 주실 것을 기대하며 기다리는 것입니다. 기도는 영적 호흡입니다. 사람이 호흡하지 않으면 죽는 것처럼, 사람이 영적 호흡인 기도를 하지 않으면 영적으로 죽어 갑니다. 하나님은 자녀들의 기도에 관심이 많으시고 귀를 기울이십니다. 하나님은 당신과 당신의 필요에 관심이 많으십니다. 그리고 적절할 때에 가장 좋은 것으로 응답해 주십니다. 그리스도인이 기도하지 않으면 세상을 살아갈 수도, 이길 수도 없습니다. 기도하지 않는 그리스도인은 승리케 하시는 하나님의 능력을 스스로 거절하는 것입니다. 기도는 승리케 하시는 하나님의 능력의 창고를 여는 열쇠입니다. 당신이 기도할 때 하나님의 능력이 강력하게 나타납니다. 승리케 하시는 하나님의 능력은 당신의 기도를 통해서 시작된다는 사실을 잊어서는 안 됩니다. 당신이 하나님께 기도할 때 정말 중요한 것은 하나님의 뜻대로 기도하는 것이고, 믿음으로 기도하는 것이고, 정성과 마음을 다하여 간절히 기도하는 것이고, 포기하지 않고 꾸준히 기도하는 것입니다.

기도의 성자라 불리는 E. M. 바운즈의 기도의 능력

"사탄은 가장 약한 성도가 무릎을 꿇는 것을 볼 때 떤다."

"많은 사람들이 기도의 효력을 믿지만 기도하는 사람은 많지 않다. 기도는 모든 것 중에서 가장 쉽지만 가장 어려우며, 가장 단순하지만 가장 숭고하며, 가장 약하지만 가장 능력이 있다."

"기도를 자신의 주된 일로 생각하고, 기도를 중요하게 여기는 만큼 기도에 시간을 바치는 사람들에게 하나님은 천국의 열쇠를 맡기신다."

루터는 "나는 할 일이 너무 많기 때문에 매일 세 시간씩 기도하지 않고는 일어날 수가 없다"고 했습니다. 그의 좌우명은 "기도를 잘한 사람은 연구를 잘한 사람이다"였습니다.

2. 행복한 인생의 답은 성경에 있습니다

모든 해답은 성경 안에 있다.

■ 왜 『성경』은 이 세상에 출간된 수많은 책 중에서 최고의 베스트셀러가 되었을까요?

성경은 매년 약 6억 권 이상 팔리고 있고, 해마다 베스트셀러를 차지하고 있습니다. 놀랍지 않습니까? 더 놀라운 것은 자신들의 언어를 가지고 있는 민족들의 98%가 모두 자신들의 글로 된 성경을 가지고 있다는 것입니다.

런던의 저명한 신문 편집자가 국회의원, 대학교수, 작가, 사업가 등 사회 각 계층의 주요 인물 백 명을 대상으로 다음과 같은 설문 조사를 했습니다.

"당신이 만약 3년 동안 감옥에 가야만 한다면 어떤 책을 가지고 가겠습니까?"

응답자 중 98%는 「성경」을 선택했습니다. 괴테도 "만약 내가 감옥에 들어가야 한다면, 단 한 권의 책만 가지고 들어가야 한다면, 나는 단연코 「성경」을 택하리라"고 말했습니다. (강창일, 「사랑받기 위해 태어난 나」에서 인용)

▶ 하나님의 언어, 말씀의 능력

「성경」은 인간의 언어가 아니고, 하나님의 언어입니다. 즉, 하나님의 말씀입니다. 사람의 말에는 위력이 있어서 사람을 행복하게도 하고 불행하게도 하고 살리기도 하고 죽이기도 할 수 있습니다. 하물며 하나님의 언어로 쓰인 「성경」은 더 큰 능력을 갖고 있지 않겠습니까?

"이 말씀은 나의 고난 중의 위로라 주의 말씀이 나를 살리셨기 때문이니이다" (시편 119:50)

"대저 하나님의 모든 말씀은 능하지 못하심이 없느니라" (누가복음 1:37)

"모든 성경은 하나님의 감동으로 된 것으로 교훈과 책망과 바르게 함과 의로 교육하기에 유익하니 이는 하나님의 사람으로 온전하게 하며 모든 선한 일을 행할 능력을 갖추게 하려 함이라" (디모데후서 3:16-17)

"하나님의 말씀은 살아 있고 활력이 있어 좌우에 날선 어떤 검보다도 예리하여 혼과 영과 및 관절과 골수를 찔러 쪼개기까지 하며 또 마음의 생각과 뜻을 판단하나니" (히브리서 4:12)

■ 당신이 경험한 말씀의 능력은 어떤 것이었습니까?
『성경』은 어떤 능력이 있나요? 말해 봅시다.

● 생각해 볼까요?

말씀의 능력

아프가니스탄 동북부 콰피리스탄 산지에 사는 종족이 있었습니다. 한 콰피르인이 선교사를 찾아왔습니다. 그는 선교사가 준 성경책을 사냥개가 먹어 치웠다고 푸념을 했습니다. 선교사는 그를 위로하고 성경책을 구해 주겠다고 약속했습니다. 원주민은 고개를 설레설레 흔들며 불평했습니다.

"사냥개가 성경책을 망가뜨린 것보다 성경책이 저희 집 개를 망쳐 놓았다는 사실이 더 큰 문제지요."

"아니, 성경책이 당신의 사냥개를 망쳐 놓다니요?"

"성경을 먹기 전에 우리 집 개는 정말 사냥을 잘하는 뛰어난 맹견(猛犬)이었어요. 그런데 이제 원수를 사랑하라는 하나님의 말씀을 먹었으니 사냥을 하려고 들지 않을 것 아닙니까?"

-국민일보 겨자씨, 2006.11.19.-

3. 성경은 행복한 하나님과의 교제를 보장합니다

■ 당신이 지금까지 받은 최고의 선물은 무엇입니까?

성경의 저자는 한 사람이 아닙니다. 약 1,500년에 걸쳐 왕, 선지자, 목자, 의사, 어부, 세리 등 여러 계층의 40여 명의 사람들에 의해 기록되었습니다. 그런데 놀랍게도 성경은 일관된 주제를 담고 있으면서도 서로 모순됨이 없이 완전한 통일성을 가지고 있습니다. 그래서 사람들은 성경을 하나님의 언어, 하나님의 말씀, 하나님의 책이라고 합니다. 하나님이 아니라면 누가 이렇게 완벽한 책을 기록할 수 있었을까요? 절대로 불가능합니다. 이것이 바로 성경이 특별한 이유입니다. 성경은 하나님께서 이 세상의 사람들에게 준 최고의 선물입니다.

성경은 사람의 언어가 아니라 하나님의 언어로 기록된 하나님의 말씀입니다. 하나님의 말씀은 능력이 있고, 살아 있고, 운동력이 있습니다. 그 말씀을 통하여 당신의 신앙이 싹트고, 성장하고, 성숙되어 갑니다. 또한 하나님에 대해서, 자신에 대해서, 세계에 대해서, 인생과 삶에 대해서 지식을 얻을 수 있고, 세상을 살아갈 수 있는 지혜와 능력도 얻을 수 있습니다. 그래서 당신은 하나님께 칭찬받는 신앙생활과 승리의 삶을 살 수 있습니다.

하나님께 칭찬받는 신앙생활 실천수칙 네 가지

첫째, 먼저 하나님의 말씀을 들으세요. 왜냐하면 믿음은 들음에서 나기 때문입니다.

"그러므로 믿음은 들음에서 나며 들음은 그리스도의 말씀으로 말미암았느니라" (로마서 10:17)

둘째, 성경을 읽으세요.

"이 예언의 말씀을 읽는 자와 듣는 자와 그 가운데에 기록한 것을 지키는 자는 복이 있나니 때가 가까움이라" (요한계시록 1:3)

셋째, 하나님의 말씀을 묵상하세요.

"복 있는 사람은 악인들의 꾀를 따르지 아니하며 죄인들의 길에 서지 아니하며 오만한 자들의 자리에 앉지 아니하고 오직 여호와의 율법을 즐거워하여 그의 율법을 주야로 묵상하는도다" (시편 1:1-2)

넷째, 하나님의 말씀을 개인의 삶에 적용하고 실천하세요.

▨ 하나님의 말씀을 자신의 삶에 적용하고 지키기 위해서는 어떻게 해야 할까요?

생각해 볼까요?

> 미국의 16대 대통령 에이브러햄 링컨은 아홉 살 때 세상을 떠난 어머니로부터 유언과 함께 물려받은 것이 두 개가 있었는데, 그중에 하나가 바로 「성경」이었습니다. 링컨의 어머니는 그에게 성경을 물려주며 이렇게 당부했습니다. "아들아! 이 성경책은 내 부모님께 받은 책이다. 내가 여러 번 읽어 많이 낡았지만 우리 집의 값진 보배다. 내가 너에게 100에이커(12만 평)의 땅을 물려주는 것보다 이 한 권의 성경책을 물려주는 것을 진심으로 기쁘게 생각한다. 너는 성경을 읽고 성경 말씀대로 살아가는 사람이 되렴. 하나님을 사랑하고 이웃을 사랑하는 사람이 되렴. 이것이 나의 마지막 부탁이다."
>
> 훗날 링컨은 어머니를 회상할 때마다 이렇게 말했습니다. "나는 성경이 하나님께서 인간에게 주신 가장 큰 선물이라 믿는다. 나는 하나님의 선물인 성경의 보화를 캐기 위해 날마다 성경을 묵상한다. 성경 속에는 예수 그리스도의 모든 값진 보화들이 다 들어 있기 때문이다."

성경은 하나님이 인간에게 주신 이 세상 최고의 선물입니다. 최고의 선물을 받은 당신의 태도는 어떠합니까? 성경을 소중하게 여기십니까? 성경을 주신 하나님께 감사해 본 적은 있습니까? 그러므로 당신은 금은보화보다도 소중한 성경을 자주 읽고, 묵상하고, 실천하도록 노력하는 그리스도인이 되는 것이 중요합니다.

4장 행복한 만남

1. 예배는 하나님과의 행복한 만남입니다

하나님을 찬양하라!

우리는 어떤 방법으로 하나님을 만날 수 있을까요?

예배는 무엇입니까?

첫째, 예배는 하나님과의 만남입니다.

스펄전 목사는 "예배에 실패하면 생활 전부에 실패한다"고 말했습니다. 그 이유는 예배를 통해서만이 하나님을 만날 수 있기 때문입니다. 사람과의 만남도 대충 만나지 않는데, 하물며 하나님을 만날 때에는 어떻겠습니까? 마음과 정성을 다하여 예배를 드리는 것이 우리가 하나님을 사랑하는 최소한의 모습입니다. 자녀가 가정에서 대화를 통해 부모를 만나는 것처럼 하나님의 자녀는 예배를 통해 하나님과 교제합니다.

> 당신은 예배에 성공하십니까? 아니면 실패하십니까?

둘째, 예배는 하나님 앞에서 영광 돌리는 것입니다.

사람의 유일한 목적은 하나님을 찬양하면서 영화롭게 하고, 그분에게 영광 돌리는 것입니다. 예배는 창조주 하나님께 경배하고 자신을 하나님께 드리는 시간입니다.

"여호와께 그의 이름에 합당한 영광을 돌리며 거룩한 옷을 입고 여호와께 예배할지어다" (시편 29:2)

셋째, 예배는 관계를 회복시키는 힘을 가지고 있습니다.

예배는 하나님과의 관계를 회복시키고, 사람과의 관계를 회복시키는 힘이 있습니다.

"그러므로 예물을 제단에 드리려다가 거기서 네 형제에게 원망들을 만한 일이 있는 것이 생각나거든 예물을 제단 앞에 두고 먼저 가서 형제와 화목하고 그 후에 와서 예물을 드리라" (마태복음 5:23-24)

예배는 신앙생활에서 가장 중요한 요소입니다. 따라서 신앙생활의 성패는 예배에 달려 있다고 해도 지나친 말이 아닙니다. 예배에 성공하려면 바르게 예배드리는 법을 아는 것이 좋습니다.

올바른 예배를 드리는 행동수칙 네 가지

첫째, 하나님께만 예배를 드려야 합니다.

"너는 나 외에는 다른 신들을 네게 두지 말라" (출애굽기 20:3)

둘째, 온 마음과 정성으로 예배를 드려야 합니다.

"하나님은 영이시니 예배하는 자가 영과 진리로 예배할지니라" (요한복음 4:24)

셋째, 생활 속에서도 예배를 드려야 합니다.

넷째, 가족과 함께 가정예배를 드려야 합니다.

생각해 볼까요?

몽골의 이용규 선교사가 쓴 「내려놓음」이라는 책에 "소 대신 예배를 택하는 마음"이라는 글이 나옵니다.

이용규 선교사가 몽골 이레교회에서 개척한 베르흐 지역을 방문해 예배를 드리던 중, 벌러르라는 자매가 예배 시간에 땀으로 뒤범벅이 되어 교회에 들어왔습니다. 그 자매는 몇 달 전에 기도를 통해 듣지 못하던 귀가 열린 자매였고, 예배 몇 시간 전에 소를 잃어버려서 소를 찾으러 뛰어다니다가 예배 시간이 임박한 것을 알고, 소를 버려두고 말씀을 들으려고 들판을 가로질러 달려왔습니다.

그때 이용규 선교사는 소가 아닌 예배를 선택한 이 자매의 믿음의 결단을 부끄럽게 하지 말아 달라고 하나님께 기도했습니다. 그런데 예배를 마치자마자 밖에서 소 울음소리가 들려왔습니다. 잃었던 소가 집이 아닌 예배 처소를 찾아온 것입니다. 소가 아닌 예배를 선택한 이 자매는 예배와 소, 두 가지를 다 얻었습니다.

당신은 이 이야기를 읽고 무엇을 느꼈습니까? 당신은 예배보다 더 중요하게 생각하고 있는 것이 무엇인가요? 기억하십시오. 예배는 하나님과의 약속이 시간이자, 하나님과의 만남입니다. 그래서 하나님의 자녀가 된 당신은 하나님과의 만남을 귀하게 여기는 사람이 되어야 합니다.

-국민일보 겨자씨 2007.10.25.-

2. 행복한 만남은 성도간의 교제입니다

■ 당신의 일생 중 가장 행복했던 만남은 언제였나요?

예수님을 믿으면 누구든지 자연적으로 교회의 일원이 됩니다. 성도가 하나 되기 위해서는 모여야 합니다. 모이지 않으면 하나가 될 수 없습니다.

성도들끼리 서로서로 친하게 교제하고 사랑하며 신앙생활을 해야 합니다. 왜 성도간의 교제가 필요한 것일까요?

"날마다 마음을 같이하여 성전에 모이기를 힘쓰고…" (사도행전 2:46上)

"또 두 사람이 함께 누우면 따뜻하거니와 한 사람이면 어찌 따뜻하랴 한 사람이면 패하겠거니와 두 사람이면 맞설 수 있나니 세 겹 줄은 쉽게 끊어지지 아니하느니라" (전도서 4:11-12)

"몸 가운데서 분쟁이 없고 오직 여러 지체가 서로 같이 돌보게 하셨느니라 만일 한 지체가 고통을 받으면 모든 지체가 함께 고통을 받고 한 지체가 영광을 얻으면 모든 지체가 함께 즐거워하느니라 너희는 그리스도의 몸이요 지체의 각 부분이라" (고린도전서 12:25-27)

"서로 돌아보아 사랑과 선행을 격려하며 모이기를 폐하는 어떤 사람들의 습관과 같이 하지 말고 오직 권하여 그 날이 가까움을 볼수록 더욱 그리하자" (히브리서 10:24-25)

석탄 한 덩어리는 불이 잘 붙지 않고 화력도 약합니다. 하지만 석탄 덩어리를 모으면 불도 잘 붙고 화력도 강합니다. 이와 같이 성도와 성도 간의 교제 없이 신앙생활을 한다면 석탄 한 덩어리로 추운 겨울을 지내는 것과 같습니다.

❓ 생각해 볼까요?

미국 퍼듀대학교에서는 졸업생을 대상으로 성적이 우수한 학생과 성적이 열등한 학생 간의 연봉 차이가 얼마나 되는지를 연구했습니다. 그 결과, 연봉차이는 불과 200달러에 지나지 않았습니다. 예상보다 적은 수치였습니다. 그런데 설문 조사 과정에서 예상치 못한 그룹이 발견되었습니다. 성적이 우수한 학생보다 높은 연봉을 받는 15%의 그룹이 있었는데, 그들의 공통점은 성적이 아닌 인간관계 능력이 뛰어나다는 점이었습니다. 인간관계를 잘 관리하는 학생들은 성적이 우수한 학생보다 15% 이상의 연봉을 받고 있었습니다. 성적이 열등한 학생들보다는 무려 33%가 더 높았습니다. 연구팀은 성적보다 인간관계가 성공에 더 크게 작용한다는 사실을 연구를 통해 알아냈습니다. 좋은 리더는 좋은 인간관계를 만들어 가기 위해 꾸준히 노력하는 사람입니다.

당신은 어떤 스타일의 사람입니까?
'peace-maker' 인가요, 아니면 'trouble-maker' 인가요?

성공적인 인간관계 십계명

우리는 일생 동안 몇 명의 사람들과 인간관계를 맺을까요? 사회학자 솔라 폴의 조사에 따르면 한 사람이 일생 동안 중요하게 알고 지내는 사람의 숫자는 3,500명이라고 합니다. 어떻습니까? 예상보다 많은 사람들과 인간관계를 맺고 살아가고 있지요? 그러므로 우리는 성공적인 인생을 살아가기 위해서는 성공적인 인간관계에 대해 관심을 갖고, 공부도 하고, 실천도 해야 합니다.

미국 보스턴 대학에서 7세 어린이 450명을 대상으로 그들의 삶을 40년에 걸쳐 관찰하고 연구했습니다. 그들 중 성공하고 출세한 사람들을 집중적으로 분석해 보니 가장 중요한 영향을 미친 요인은 세 가지였습니다. 첫째, 다른 사람과 어울리는 능력, 둘째, 좌절을 극복하는 태도, 셋째, 감정을 조절하는 능력이 그것이었습니다.

또한 카네기멜론 공과대학의 조사 결과에 따르면 지적 능력이나 재능이 성공에 미치는 영향은 15%인 반면, 나머지 85%의 성공 요인은 인간관계였습니다. 이 두 가지는 모두 인간관계의 중요성을 말해 주는 조사 결과입니다.

레일 라운즈의 『사람을 얻는 기술』이라는 책 표지에는 이런 말이 적혀 있습니다. "당신의 성공은 당신의 사람이 결정한다. 정상에 서고 싶다면, 먼저 사람을 얻어라."

이 말은 성공의 성패는 사람과의 관계에 있다는 말입니다. 만약 여러분이 성공하고 싶다면 무엇보다도 먼저 사람과의 관계에 성공해야 합니다. 결국엔 사람을 얻는 자가 승리하게 됩니다.

생텍쥐페리는 "인간은 상호관계로 묶여지는 매듭이요, 거미줄이요, 그물망이다. 이 인간관계만이 유일한 문제다"라고 말했습니다. 인간관계가 좋아야 성공합니다. 인간관계의 실패로 인하여 주위 사람들과의 관계가 좋지 못한 사람들이 의외로 많습니다. 성공한 사람들의 특징을 분석해 보면, 대부분 인간관계가 좋다는 결과가 나왔습니다. 그러므로 우리는 모든 인간관계를 중요하고, 소중하게 여기는 자세와 습관을 가져야 합니다. 왜냐하면 이것이 우리들의 성공과 실패를 결정하기 때문입니다.

사람은 누구나 사람들에게 좋은 이미지를 주는 사람, 끌리는 사람, 호감을 주는 사람이 되고 싶어 합니다. 하지만 모든 사람들이 성공적인 인간관계를 맺고 있지는 않습니다. 왜냐하면 성공적인 인간관계를 이루기 위한 방법과 전략들을 알지 못하기 때문입니다. 그래서 좋은 인간관계의 사람이 되기 위한 성공적인 인간관계의 습관 열 가지를 소개하고자 합니다.

1. 항상 겸손하고 충고에 귀 기울여라.
2. 말하기보다 듣기를 잘하라.
3. 항상 웃고, 많이 웃겨라.
4. 등 뒤에서 칭찬하라.
5. 상대방의 다른 점(사고/행동/생각/철학/삶의 스타일)을 인정하라.
6. 타인에게는 관대하고 자신에게는 엄격하라.
7. 실수를 인정하라.
8. 감정을 평정하라.
9. 미운 사람을 위해 기도하라.
10. 예수님께서 가르쳐 주신 인간관계의 법칙을 배우라.

"그러므로 무엇이든지 남에게 대접을 받고자 하는 대로 너희도 남을 대접하라." (마태복음 7:12)

3. 행복한 만남의 기쁨을 전하는 것이 전도입니다

우리들만의 잔치가 아닌
그들을 초청하는
사랑이 필요합니다.

▧ 그림처럼, 당신은 불신자에게 먼저 다가가는 사람인가요?

　전도는 자신이 믿는 예수님을 자랑스럽게 여기고 자신 있게 예수님을 전하는 것입니다. 또한 전도는 자신이 믿는 예수님과 복음이 너무 소중해서 다른 사람에게 전하고 싶은 마음을 행동으로 실천하는 것입니다.

예수님은 유대 지역을 두루 다니시면서 복음을 전하셨습니다. 승천하시기 전에 제자들에게 이렇게 명령하셨습니다. "너희는 온 천하에 다니며 만민에게 복음을 전파하라."

예수님의 명령에 따라 제자들은 담대하게 복음을 전했습니다. 이와 같이 우리들도 예수님의 제자들처럼 담대하게 복음을 전해야 합니다.

"이르시되 우리가 다른 가까운 마을들로 가자 거기서도 전도하리니 내가 이를 위하여 왔노라 하시고" (마가복음 1:38)

전도는 하나님의 사랑을 받은 사람이 다른 사람에게 그 사랑을 받을 곳을 알려 주는 것과 같습니다. 만약 당신이 좋은 상품을 아주 싼 가격으로 구입할 수 있는 마트를 알고 있다면, 혼자만 알고 있지 않고 친한 사람들에게 알리고 싶겠지요? 전도는 소중한 복음을 아무런 노력이나 대가 없이 받았기 때문에 거저 받은 복음을 거저 주는 것과 같습니다. 아주 작은 복음의 씨앗이라도 하나님의 은혜로 포장하면 더 좋은 상품의 복음이 생명력을 나타냅니다.

당신은 전도하고 싶은 마음이 있습니까? 전도는 하나님이 가장 기뻐하시는 일입니다. 전도하고 싶은 마음을 주시는 분은 누구십니까? 바로 성령님이십니다. 그러므로 전도하는 것을 두려워하지 마십시오.

"너희를 넘겨 줄 때에 어떻게 또는 무엇을 말할까 염려하지 말라 그 때에 너희에게 할 말을 주시리니 말하는 이는 너희가 아니라 너희 속에서 말씀하시는 이 곧 너희 아버지의 성령이시니라" (마태복음 10:19-20)

그렇다면 그리스도인이 전도해야 하는 이유는 무엇입니까? 성경에서는 어떻게 말씀하고 있나요?

"또 이르시되 너희는 온 천하에 다니며 만민에게 복음을 전파하라" (마가복음 16:15)

"내가 너희에게 이르노니 이와 같이 죄인 한 사람이 회개하면 하늘에서는 회개할 것 없는 의인 아흔아홉으로 말미암아 기뻐하는 것보다 더하리라" (누가복음 15:7)

"내가 복음을 전할지라도 자랑할 것이 없음은 내가 부득불 할 일임이라 만일 복음을 전하지 아니하면 내게 화가 있을 것이로다" (고린도전서 9:16)

효과적인 전도의 방법으로는 무엇이 가장 좋을까요? 여러 방법이 있을 수 있습니다. 예를 들면, 말로 할 수도 있고, 문서로 할 수도 있고, 테이프나 CD 등으로 할 수도 있습니다. 그러나 효과는 그리 크지 않습니다. 이보다 더 좋은 방법은 복음을 전하는 방법이나 내용보다는 전하는 사람의 삶과 인격을 통해 예수 그리스도를 나타내는 것입니다.

"당신의 인격과 삶이 바로 전도지입니다."
"교회의 이미지가 바로 전도지입니다."
"성도와 목사의 평판이 바로 전도지입니다."

주변의 환경과 여건, 그리고 장소에 따라 전도의 방법과 전략이 달라질 수 있지만, 전도를 할 때는 전도자의 삶과 인격 그리고 복음을 전하고자 하는 열정이 더 중요합니다. 전도를 잘못 하면 오히려 사람을 잃습니다.

"이같이 너희 빛이 사람 앞에 비치게 하여 그들로 너희 착한 행실을 보고 하늘에 계신 너희 아버지께 영광을 돌리게 하라" (마태복음 5:16)

● 생각해 볼까요?

페니실린이 처음 나왔을 때 사람들은 페니실린 주사를 맞는 것을 끔찍이 싫어했습니다. 전쟁터에서 용맹스러운 군인들도 페니실린 주사만 놓으려고 하면 벌벌 떨며 피했습니다. 사람들이 페니실린을 무서워한 데에는 그만한 이유가 있었습니다. 페니실린에 대해서 잘 모르고 있었기 때문입니다. 하지만 시간이 지나고 어느 때부터인가 페니실린이 만병통치약에 가깝다는 소문이 났습니다. 그때부터 벌벌 떨고 피하던 사람들이 주사를 맞기 위해 앞다투어 줄을 섰습니다. 아무리 아파도 기꺼이 주사를 맞겠다며 스스로 찾아왔습니다.

전도도 이와 같습니다. 페니실린이 좋다는 소문이 난 것처럼 교회가, 목사가, 성도가 주변 사람들에게 좋은 소문이 나야 합니다. 좋은 이미지를 주어야 합니다. 당신은 주변 사람들에게 어떤 이미지를 주는 사람인가요? 좋은 이미지를 가진 사람인가요, 아니면 나쁜 이미지로 기억되는 사람인가요?

■ 불신자를 위한 새로운 전도 방법으로는 무엇이 좋을까요?

한 교수의 불신자 전도 전략의 열 가지 원리(예)

1. 불신자 틈으로 들어가라.
2. 그들의 삶 속으로 들어가 좋은 인상을 심어 주라.
3. 먼저 그들의 말을 들어 주라.
4. 그들과 공동 관심사를 만들라.
5. 그들의 부족한 것을 채워 주라.
6. 그들을 당신의 가정에 초대하라.
7. 그들에게 좋은 교인들을 소개해 주고, 파티를 열어 주라.
8. 그들에게 자신의 체험을 고백하라.
9. 그들에게 복된 소식을 전하라.
10. 그들을 위해 지속적으로 기도하라.

5장 행복한 사랑

1. 그리스도인은 사랑하는 삶을 살도록 부름받았습니다

■ 당신은 무엇 때문에 불안합니까?

나폴레온 힐은 현대인이 가지고 있는 불안 일곱 가지에 대해 이렇게 말했습니다.

첫째, 경제적인 불안,
둘째, 명예를 잃어버릴까봐 불안,
셋째, 건강에 대한 불안,
넷째, 자유를 잃어버릴까봐 불안,

다섯째, 노쇠에 대한 불안,
여섯째, 죽음에 대한 불안,
일곱째, 사랑의 손실에 대한 불안.

나폴레온 힐은 불안을 떨쳐버리기 위해 가장 중요한 것이 바로 '사랑'이라고 강조했습니다.

사랑은 최고의 능력을 가지고 있습니다.
그리스도인의 삶은 '사랑하는 법을 배우는 삶'입니다.
그리스도인은 사랑하는 삶을 살도록 부름을 받은 사람입니다.
그리스도인은 세 가지의 사랑을 지키는 것이 기본입니다.

첫째, 네 하나님을 사랑하는 것이고,
둘째, 네 자신을 사랑하는 것이고,
셋째, 네 이웃을 사랑하는 것입니다.

"예수께서 이르시되 네 마음을 다하고 목숨을 다하고 뜻을 다하여 주 너의 하나님을 사랑하라 하셨으니 이것이 크고 첫째 되는 계명이요 둘째도 그와 같으니 네 이웃을 네 자신 같이 사랑하라 하셨으니" (마태복음 22:37-39)

"새 계명을 너희에게 주노니 서로 사랑하라 내가 너희를 사랑한 것 같이 너희도 서로 사랑하라 너희가 서로 사랑하면 이로써 모든 사람이 너희가 내 제자인 줄 알리라" (요한복음 13:34-35)

● 생각해 볼까요?

사랑의 이유

어떤 목사님이 교인 가정에 심방을 갔는데, 그 집 여자아이가 많은 인형을 가지고 놀고 있었습니다.

유달리 인형이 많은 것을 보고 "애야, 너는 인형을 정말 좋아하는구나?" 했더니, 아이가 "목사님도 인형을 좋아하세요?" 하고 물었습니다.

"그럼, 나도 좋아한단다."

"그럼, 여기 있는 것들 중에서 어느 인형이 제일 맘에 드세요?"

목사님이 선뜻 인형을 고를 수 없어서 망설이자 어린아이가 말했습니다.

"저는요…이 인형을 제일 좋아해요."

아이가 가리키는 그 인형은 팔다리가 떨어져 나간 낡은 인형이었습니다.

목사님은 물었습니다. "하필이면 왜 그 인형을 좋아하니?"

"이 인형은 아무도 사랑해 주지 않으니까요."

목사님은 자신도 모르게 어린아이를 덥석 끌어안고 하나님께 감사를 드렸습니다. '이같이 아름다운 마음으로 살아가게 하여 주십시오.'

사랑의 이유는 이것뿐입니다. 아무도 그를 사랑하지 않기 때문에 그를 사랑하는 것, 이 사랑에는 의로다 하심이 있고 거룩케 하는 마음이 있습니다. 그 사랑을 간직하십시오.

-곽선희 목사의 「동행」 중에서-

2. 하나님을 사랑하는 것이 행복한 사랑입니다

당신이 하나님보다
더 사랑하는 것은
무엇입니까?

■ 혹시 당신이 바로 그림과 같은 사람은 아닙니까?
즉, 하나님을 사랑하는 마음이 빠진 사람 말입니다.

왜 당신은 하나님을 사랑할 수밖에 없나요?

하나님은 우리가 하나님을 사랑하기 전에 먼저 우리를 사랑해 주셨습니다. 하나님은 우리의 모든 조건, 행동, 그리고 환경을 초월해서 우리를 사랑해 주십니다.

"사랑은 여기 있으니 우리가 하나님을 사랑한 것이 아니요 하나님이 우리를 사랑하사 우리 죄를 속하기 위하여 화목 제물로 그 아들을 보내셨음이라" (요한일서 4:10)

"우리가 사랑함은 그가 먼저 우리를 사랑하셨음이라" (요한일서 4:19)

또한 하나님은 독생자 예수님을 우리를 위해 보내 주셨을 뿐 아니라 십자가에 내어 주셨습니다. 이것은 하나님의 사랑이 얼마나 크고 위대한 사랑인지를 말해 줍니다. 하나님은 자신의 가장 소중한 아들인 예수님을 아낌없이 주셨습니다. 이보다 더 큰 사랑은 이 세상에 존재하지 않습니다.

"하나님이 세상을 이처럼 사랑하사 독생자를 주셨으니 이는 그를 믿는 자마다 멸망하지 않고 영생을 얻게 하려 하심이라" (요한복음 3:16)

"하나님의 사랑이 우리에게 이렇게 나타난 바 되었으니 하나님이 자기의 독생자를 세상에 보내심은 그로 말미암아 우리를 살리려 하심이라" (요한일서 4:9)

"우리가 아직 죄인 되었을 때에 그리스도께서 우리를 위하여 죽으심으로 하나님께서 우리에 대한 자기의 사랑을 확증하셨느니라" (로마서 5:8)

▶ 어떻게 하나님을 사랑해야 합니까?

첫째, 마음을 다하여 사랑하세요.
하나님을 사랑할 때 눈에 보이는 사랑보다 더 중요한 것은 마음을 다하는 사랑입니다. 하나님은 자신의 마음을 드리고, 예배를 드리고, 시간을 드리는 사랑을 좋아하십니다.

"이스라엘아 네 하나님 여호와께서 네게 요구하시는 것이 무엇이냐 곧 네 하나님 여호와를 경외하여 그의 모든 도를 행하고 그를 사랑하며 마음을 다하고 뜻을 다하여 네 하나님 여호와를 섬기고" (신명기 10:12)

▩ 마음을 다하는 사랑에 대하여 나누어 봅시다.

둘째, 목숨을 다하여 사랑하세요.
베드로나 바울은 목숨을 다하여 하나님을 사랑했습니다. 자신의 목숨과 삶보다 하나님을 더 사랑했습니다. 이처럼 자신이 가진 물질보다, 자신이 가장 소중하게 생각하는 것들보다, 하나님을 더 사랑하는 것이 진정 하나님을 사랑하는 것입니다.

"우리가 살아도 주를 위하여 살고 죽어도 주를 위하여 죽나니 그러므로 사나 죽으나 우리가 주의 것이로다" (로마서 14:8)

▣ 당신은 목숨을 다하여 주님을 사랑하는 사람입니까?

셋째, 뜻을 다하여 사랑하세요.
뜻을 다하여 주님을 사랑하는 사람은 말씀에 순종하며 말씀을 실천하는 사람입니다.

"예수께서 이르시되 네 마음을 다하고 목숨을 다하고 뜻을 다하여 주 너의 하나님을 사랑하라 하셨으니" (마태복음 22:37)

▣ 뜻을 다하는 사랑에 대하여 나누어 봅시다.

생각해 볼까요?

보릿고개로 허덕이던 1960년대 초. 한 목사가 점심을 먹으려는데 걸인이 교회로 들어왔다. 목사는 함께 밥을 먹자며 그를 밥상 앞에 앉혔다. 목사가 식사 기도를 하려는데, 거지가 대뜸 소리를 질렀다.
"하나님이 어디 있느냐! 기도는 무슨 기도냐!"
성질 급한 목사는 홧김에 거지를 쫓아냈다. 그날 밤, 목사는 기도를 하던 중에 또렷한 음성을 들었다.
"그 거지가 얼마나 나를 욕하고 저주하는지 내가 너보다 잘 안단다. 나는 그 소리를 50년 넘게 들었다. 그래도 나는 매일 먹을 것을 주었다. 그런데 너는 어찌 밥 한 끼 주지 않고 그를 내쫓느냐. 내가 그를 위해 십자가를 졌고, 지금도 그를 사랑하는 줄 모르느냐."
목사는 정신이 번쩍 들었다. '하나님은 우리 모두를 사랑하셔서 십자가를 지셨건만, 나는 그저 내가 사랑하는 이들만 사랑하며 살았구나.' 하나님이 품으시는 사랑의 폭과 깊이는 끝이 없다.

-국민일보 겨자씨, 2008.03.13-

3. 자신을 사랑하는 것이 행복한 사랑입니다

■ 당신은 자신을 얼마나 사랑하십니까?

행복한 사람은 하나님의 사랑을 받으며 하나님을 사랑하는 사람일 뿐 아니라, 예수님 안에서 자신을 사랑하는 사람입니다.

▣ 왜 우리는 우리 자신을 사랑해야 할까요?

하나님께서 당신을 하나님의 형상대로 만드셨기 때문입니다. 당신은 하나님의 형상대로 창조되었기 때문에 존중받을 만한 가치가 있습니다. 따라서 당신은 소중한 당신 자신을 스스로 사랑해야 합니다.

"하나님이 자기 형상 곧 하나님의 형상대로 사람을 창조하시되 남자와 여자를 창조하시고" (창세기 1:27)

▣ 그렇다면 어떻게 자신을 사랑해야 할까요?

자신을 보배롭게 사랑하세요.

하나님은 당신을 지으실 때 뚜렷한 목적도 없이, 다른 사람들과 똑같이, 그리고 대량으로 생산하지 않으셨습니다. 이 세상에 단 하나밖에 없는 유일한 보배로 지으셨습니다. 당신은 아직도 당신 자신을 다른 사람과 비교해서 열등한 사람으로 오해하고 있습니까? 당신은 가치와 자존감이 높은 보배로운 하나님의 자녀입니다.

"여호와께서도 네게 말씀하신 대로 오늘 너를 그의 보배로운 백성이 되게 하시고 그의 모든 명령을 지키라 확언하셨느니라" (신명기 26:18)

"네가 내 눈에 보배롭고 존귀하며 내가 너를 사랑하였은즉 내가 네 대신 사람들을 내어 주며 백성들이 네 생명을 대신하리니" (이사야 43:4)

"영접하는 자 곧 그 이름을 믿는 자들에게는 하나님의 자녀가 되는 권세를 주셨으니" (요한복음 1:12)

> "인간은 높은 산과 바다의 아름다움을 보고 감탄하면서도 정작 자기 자신이 받은 축복을 향하여서는 감탄하지 않는다." -성 어거스틴

▶ **자신을 사랑하는 사람은 건강한 자화상을 갖춘 사람입니다.**
   이런 사람의 특징은 무엇일까요?

첫째, 자신을 사랑하고 존중할 뿐만 아니라 다른 사람도 사랑하고 존중합니다.
둘째, 자신을 다른 사람과 비교하지 않습니다.
셋째, 생활 속에서도 밝고 긍정적인 모습이 나타납니다.

"너희는 세상의 빛이라 산 위에 있는 동네가 숨겨지지 못할 것이요" (마태복음 5:14)

"너희가 전에는 어둠이더니 이제는 주 안에서 빛이라 빛의 자녀들처럼 행하라" (에베소서 5:8)

■ 당신은 건강한 자화상을 가진 사람입니까?
  그렇지 않다면, 왜 그렇게 생각하나요?

❓ 생각해 볼까요?

　이 세상에서 가장 위대한 발견 중 하나는 자기 자신을 아는 것입니다. 즉 하나님께서 주신 재능과 능력, 성품과 은사, 열정, 자신이 정말 좋아하는 일, 그리고 잘할 수 있는 일이 무엇인가를 찾는 것입니다. 그러나 하나님의 자녀로서 자신의 한계를 아는 것뿐만 아니라 자신의 무한한 가능성을 아는 것은 그리 쉽지만은 않은 일입니다. 그렇다면 왜 자신을 알아야 합니까? 왜 자신이 누구인가를 찾아야 합니까? 그 이유는 자기 자신을 알아야 자신을 참으로 사랑할 수 있기 때문입니다. 당신이 자기 자신을 찾을 때 스스로를 진정으로 사랑하게 될 것입니다. 당신이 자신을 참으로 사랑하기 위해서는 먼저 자신을 알아야 합니다. 이 세상에 존재하는 위대한 사랑 가운데 하나는 자신에 대한 참된 사랑입니다.

4. 이웃사랑을 실천하는 것이 행복한 사랑입니다

하나님을 사랑하고
자신을 사랑하는 사람은
이웃도 사랑하지요.

왜 우리는 이웃을 사랑해야 합니까?

> "사랑은 땅덩어리를 한데 묶는 줄이다. 사랑은 하늘과 땅을 한데 묶는 줄이다. 사랑은 인간과 인간을 영원히 묶는 줄이다." —페스탈로치
>
> "인간은 알고 있는 것에 의하여 평가되는 것이 아니라 사랑을 실천하는 것에 의하여 평가되어야 한다." - 성 어거스틴
>
> "이웃사랑이야말로 그리스도의 제자 된 유일한 표지이다." —프라시스 쉐퍼

당신은 누구십니까? 당신은 하나님의 사랑을 받고 사는 소중한 존재입니다. 그러므로 하나님의 사랑을 거저 받은 당신은 자신을 사랑할 뿐만 아니라 이웃도 사랑해야 합니다.

어떻게 내 이웃을 사랑해야 하나요?

첫째, 내 몸과 같이 사랑하라.

"둘째도 그와 같으니 네 이웃을 네 자신 같이 사랑하라 하셨으니" (마태복음 22:39)

둘째, 귀히 여기며 사랑하라.

"그들의 역사로 말미암아 사랑 안에서 가장 귀히 여기며 너희끼리 화목하

라" (데살로니가전서 5:13)

셋째, 서로 사랑하라.

"새 계명을 너희에게 주노니 서로 사랑하라 내가 너희를 사랑한 것 같이 너희도 서로 사랑하라 너희가 서로 사랑하면 이로써 모든 사람이 너희가 내 제자인 줄 알리라" (요한복음 13:34-35)

"그의 계명은 이것이니 곧 그 아들 예수 그리스도의 이름을 믿고 그가 우리에게 주신 계명대로 서로 사랑할 것이니라" (요한일서 3:23)

"사랑하는 자들아 우리가 서로 사랑하자 사랑은 하나님께 속한 것이니 사랑하는 자마다 하나님으로부터 나서 하나님을 알고 사랑하지 아니하는 자는 하나님을 알지 못하나니 이는 하나님은 사랑이심이라" (요한일서 4:7-8)

넷째, 행함과 진실함으로 사랑하라.

"자녀들아 우리가 말과 혀로만 사랑하지 말고 행함과 진실함으로 하자" (요한일서 3:18)

- 당신은 하나님과의 사랑의 관계에 문제가 없나요?
- 당신은 사람과의 사랑의 관계에 문제가 없나요?

생각해 볼까요?

사람은 모든 것을 다 가져도 사람과의 사랑의 관계에 문제가 있으면 행복하지 않습니다. 행복한 삶은 나와 하나님과의 사랑의 관계, 나와 사람과의 사랑의 관계가 좋아야 합니다.

존 록펠러는 "나는 이 세상에 존재하는 그 어떤 능력보다도 사람을 대하는 관계의 능력에 더 많은 대가를 치를 것이다"라고 말했습니다. 그리스도인은 모든 삶의 생활에서 사랑의 관계를 맺어 행복하고 성공적인 삶을 살아야 합니다.

손이 두 개인 이유

기억하라!
만약 도움을 주는 손이
필요하다는 사실을 깨닫는다면
너의 팔 끝에 있는 손을 사용하라.

네 나이가 들면
손이 두 개라는 사실을 발견하게 될 것이다.

한 손은 너 자신을 돕는 손이고
다른 한 손은 다른 사람을 돕는 손이라는 사실을.

-오드리 헵번이 딸에게 남긴 유언 중에서-

네가 어떠하든
난(God) 네가 좋아